escola - yachay wasi	2
viagem - ch'usay	5
transporte - astana	8
cidade - llaqta	10
paisagem - wanlla	14
restaurante - mikhuna wasi	17
supermercado - jatun qhatu	20
bebidas - upyanakuna	22
comida - mikhuna	23
fazenda - chakra wasi	27
casa - wasi	31
sala de estar - k'illi wanlla	33
cozinha - wayk'una wasi	35
banheiro - akana wasi	38
quarto de criança - wawa k'uchu	42
vestuário - p'acha	44
escritório - ujisina	49
economia - qullqikamay	51
profissões - llamk'aykuna	53
ferramentas - ruk'awi	56
instrumentos musicais - takichiy nakuna	57
zoológico - jatun uywa kancha	59
esportes - atipanaku pukllay	62
atividades - ruwakuna	63
família - yawar masikuna	67
corpo - uqhu	68
hospital - Jampina wasi	72
emergência - urjinsia	76
Terra - Pacha	77
relógio - phani (kuna)	79
semana - qanchischaw	80
ano - wata	81
formas - pacha tupusqa rikch'ay	83
cores - llimp'ikuna	84
opostos - wakjinakuna	85
números - yupaykuna	88
idiomas - simikuna	90
quem / o quê / como - pi / ima / imayna	91
onde - maypi	92

Impressum
Verlag: BABADADA GmbH, Nedderfeld 112 , 22529 Hamburg
Geschäftsführer / Verlagsleitung: Harald Hof
Druck: Books on Demand GmbH, In de Tarpen 42, 22848 Norderstedt

Imprint
Publisher: BABADADA GmbH, Nedderfeld 112 , 22529 Hamburg, Germany
Managing Director / Publishing direction: Harald Hof
Print: Books on Demand GmbH, In de Tarpen 42, 22848 Norderstedt

escola
yachay wasi

- dividir / rak'iy
- quadro / pirqa qillqana
- sala de aulas / yachaqaywasi
- pátio da escola / kancha
- professor / yachachiq
- papel / raphi
- escrever / qillqay
- caneta / qillqana
- escrivaninha / llamk'a jamp'ara
- régua / chiqanchana
- livro / p'anqa
- aluno / yachaqaq

sacola
wayaqa

estojo de lápis
p'uktaki llimp'i qillqana

lápis
yana qillqana

apontador de lápis
ñawch'ina

borracha
qillqakhituna

bloco de desenho
qillqana p'anqa siq'inapaq

desenho
siq'i

pincel
chukcha llimp'ina

estojo de tintas
p'uktaki llimp'ikuna

tesoura
k'utuna

cola
k'akachana

livro de exercícios
qillqana p'anqa ruwanakuna

lição de casa
kamachinakuna

número
yupay

somar
yapay

subtrair
qhichuqay

multiplicar
mirachay

calcular
yupanchay

letra
sanampa

alfabeto
sanampakuna

palavra
simi rimay

escola - yachay wasi

texto
qillqa

ler
ñawiriy

giz
iskuna

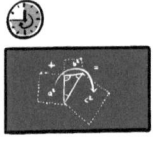
hora
yachachina

registro da classe
qillqana p'anqacha

exame
chaninchana

certificado
certificaru

uniforme escolar
uniforme

educação
yachay

enciclopédia
jatun simi pirwa

universidade
Jatun yachaywasi

microscópio
microscopio

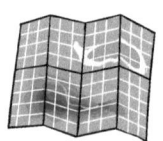
mapa
saywa siq'i

cesto de lixo
raphi chuqana

viagem
ch'usay

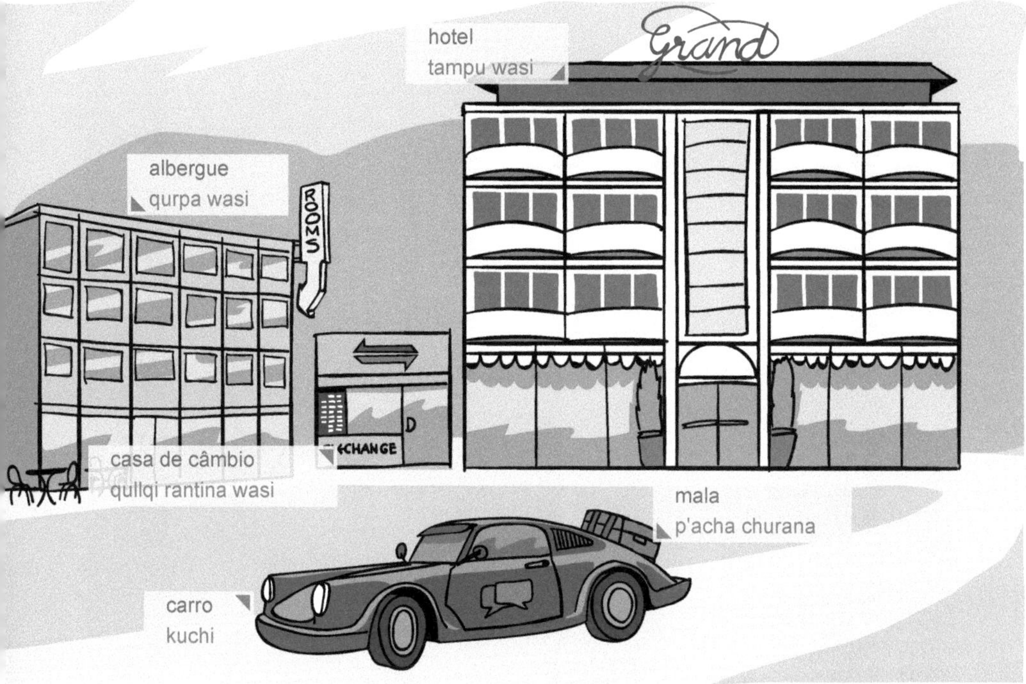

hotel
tampu wasi
albergue
qurpa wasi
ROOMS
Grand
EXCHANGE
casa de câmbio
qullqi rantina wasi
mala
p'acha churana
carro
kuchi

idioma
....
simi

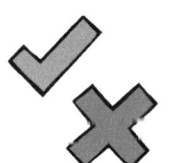

sim / não
....
ari / mana

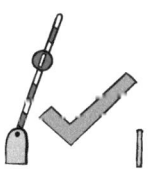

ok
....
ari

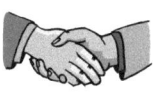

Olá
....
Imaynalla

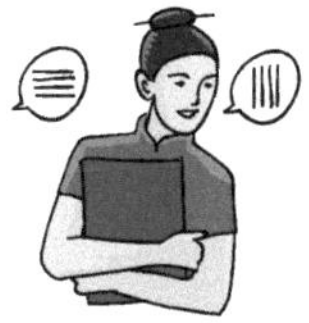

tradutor
....
tikraq

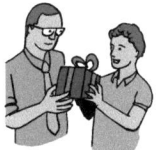

obrigado
....
Pachi

quanto custa...?
¡Machkhataq?

eu não entendo
Mana yachanichu

problema
ch'ampay

boa noite!
¡Allin tuta!

Bom dia!
¡Allin P'unchaw!

Boa noite!
¡Allin tuta!

até logo
tinkunakama

direção
pusachay wasi

bagagem
q'ipi

bolsa
wayaqa

mochila
wasa wayaqa

convidado
jamuynisqa

quarto
wasi

saco de dormir
puñunapaq wayaqa

barraca
tienda

viagem - ch'usay

informação turística	praia	cartão de crédito
turismu willakuy	quchapata	tarjita kriditumanta

café da manhã	almoço	jantar
paqarin mikhuy	chawpi p'unchaw mikhuy	tuta mikhuy

bilhete	elevador	selo
qullqi	makina wicharinapaq	unanchana

fronteira	alfândega	embaixada
saywa	adwana	imwajada

visto	passaporte
visa	pasapurti

viagem - ch'usay

transporte
astana

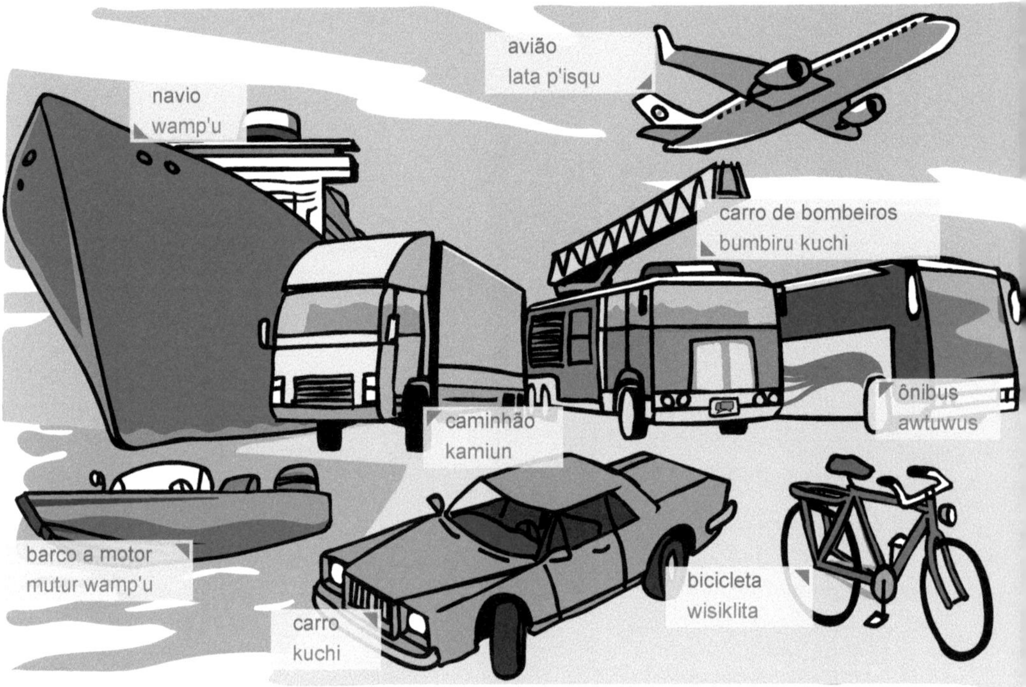

- avião / lata p'isqu
- navio / wamp'u
- carro de bombeiros / bumbiru kuchi
- caminhão / kamiun
- ônibus / awtuwus
- barco a motor / mutur wamp'u
- carro / kuchi
- bicicleta / wisiklita

balsa
quchacha

barco
wamp'u

motocicleta
mutu

veículo policial
pulisiyap autun

carro de corrida
usqay karru

carro de aluguel
kuchi manukuna

compartilhamento de automóvel	caminhão de reboque	caminhão de lixo
kuchi manu	grua	q'upa kamiun

motor	combustível	posto de gasolina
mutur	gasulina	gasulinamanta istasiun

 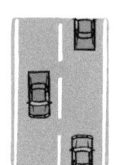 

placa de trânsito	trânsito	trânsito lento
chakatana sanampa	trajiku	chakatana

estacionamento	estação de trem	trilhos
istasiun	trin estasiun	ñankuna

 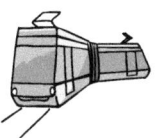 

trem	bonde	vagão
trin	tranwia	wagun

transporte - astana

helicóptero
ilikuptiru

aeroporto
lata p'isqu kiti

torre
pukara

passageiro
pasaqlla

contêiner
jatun p'uktaki

cartolina
karton p'uktaki

carroça
kapachu

cesto
isanka

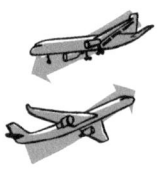

decolar / pousar
phaway / uray

cidade
llaqta

vilarejo
llaqta

centro da cidade
chawpi jatun llaqta

casa
wasi

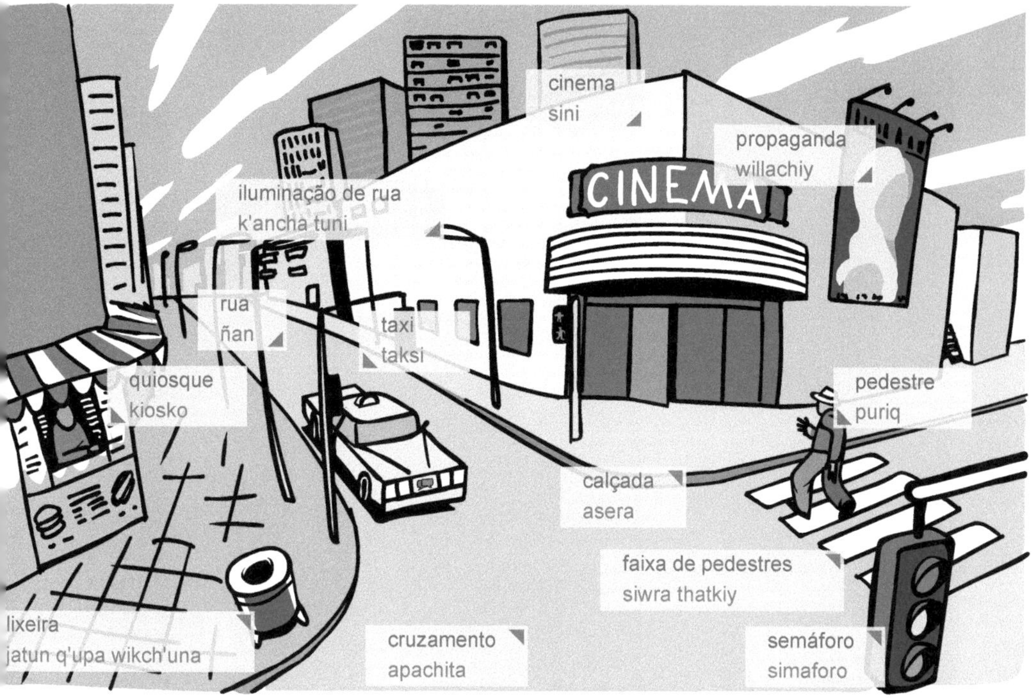

cinema
sini

propaganda
willachiy

iluminação de rua
k'ancha tuni

rua
ñan

taxi
taksi

quiosque
kiosko

pedestre
puriq

calçada
asera

faixa de pedestres
siwra thatkiy

lixeira
jatun q'upa wikch'una

cruzamento
apachita

semáforo
simaforo

cabana
ch'ullka

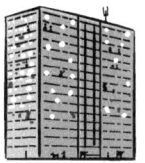

apartamento
apartamento

estação de trem
trin estasiun

prefeitura
tantanakuy wasi

museu
rikuchina wasi

escola
yachay wasi

cidade - llaqta

universidade
Jatun yachaywasi

banco
qullqi pirwa

hospital
Jampina wasi

hotel
tampu wasi

farmácia
jampi ranqhana wasi

escritório
ujisina

livraria
p'anqa pirwa

loja
tienda

floricultura
t'ika wasi

supermercado
jatun qhatu

mercado
qhatu

loja de departamentos
jatun pirwa

peixaria
challwa wasi

centro comercial
jatun rantina wasi

porto
wamp'u qhispinan

parque
jark'asqa chiqan

banco
qullqi pirwa

ponte
chaka

escadas
wichana

metrô
metro

túnel
suqhu

ponto de ônibus
autuwus sayana

bar
bar

restaurante
mikhuna wasi

caixa de correspondência
willa qillqa juch'uy wanqara

placa de rua
t'uqsi tuni

parquímetro
parkimetro

zoológico
jatun uywa kancha

piscina
armakuna

mesquita
meskita

fazenda
chakra wasi

poluição
pacha unquchiq

cemitério
Aya pampa

igreja
iñiy wasi

parquinho
pukllana kancha

templo
Qhapana

paisagem
wanlla

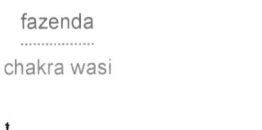

folha
raphi

placa de sinalização
sanampa

caminho
ñan

gramado
waylla

caminhantes
puriq runa

pedra
rumi

árvore
sach'a

rio
mayu

grama
sach'a

flor
t'ika

vale
qhichwa

montanha
muqu

lago
qucha

floresta
Sach'a sach'a

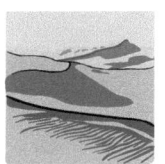
deserto
purun

vulcão
nina phuqchiq urqu

castelo
kastilla wasi

arco-íris
k'uychi

cogumelo
champiñun

palmeira
chunta

mosquito
ch'uspi

mosca
ch'uspi

formiga
sik'imira

abelha
wara

aranha
kusi kusi

paisagem - wanlla

besouro	sapo	esquilo
ch'iqi	k'ayra	artilla

ouriço	lebre	coruja
askanku	liwre	ch'usiqa

pássaro	cisne	javali
p'isqu	yuku p'isqu	sintiru

veado	alce	barragem
sierwu	alsi	waykhasqa

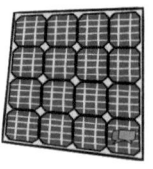

aerogerador	painel solar	clima
wayrakallpa	inti panil	pacha wayra

paisagem - wanlla

restaurante
mikhuna wasi

- garçom / wayna yanapaq
- menu / menu
- cadeira / tiyana
- sopa / supa
- pizza / pitsa
- talheres / tumina
- toalha de mesa / mast'a jamp'ara

entrada
ñawpaq mikhuna

prato principal
yari mikhuna

sobremesa
mikhuy yapa

bebidas
upyanakuna

comida
mikhuna

garrafa
wutilla

restaurante - mikhuna wasi

fastfood
saqra ura

comida de rua
kalli mikhuna

bule de chá
te churana

açucareiro
misk'i churana

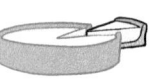

porção
chhika

máquina de expresso
cajitira iksprisu

cadeirão
jatun tiyana

conta
yupay

bandeja
bandija

faca
tumi

garfo
tinidur

colher
wislla uña

colher de chá
juch'uy wislla uña

guardanapo
simi pichana

copo
qhispi akilla

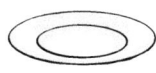

prato
chuwa

prato de sopa
chuwa

pires
chuwa

molho
salsa

saleiro
kachi churana

moedor de pimenta
pimienta kutana

vinagre
k'allkucha

óleo
llukllu

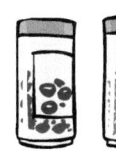

especiarias
ch'aki q'mirkuna

ketchup
ketchup

mostarda
mostaza

maionese
mayonisa

restaurante - mikhuna wasi

supermercado

jatun qhatu

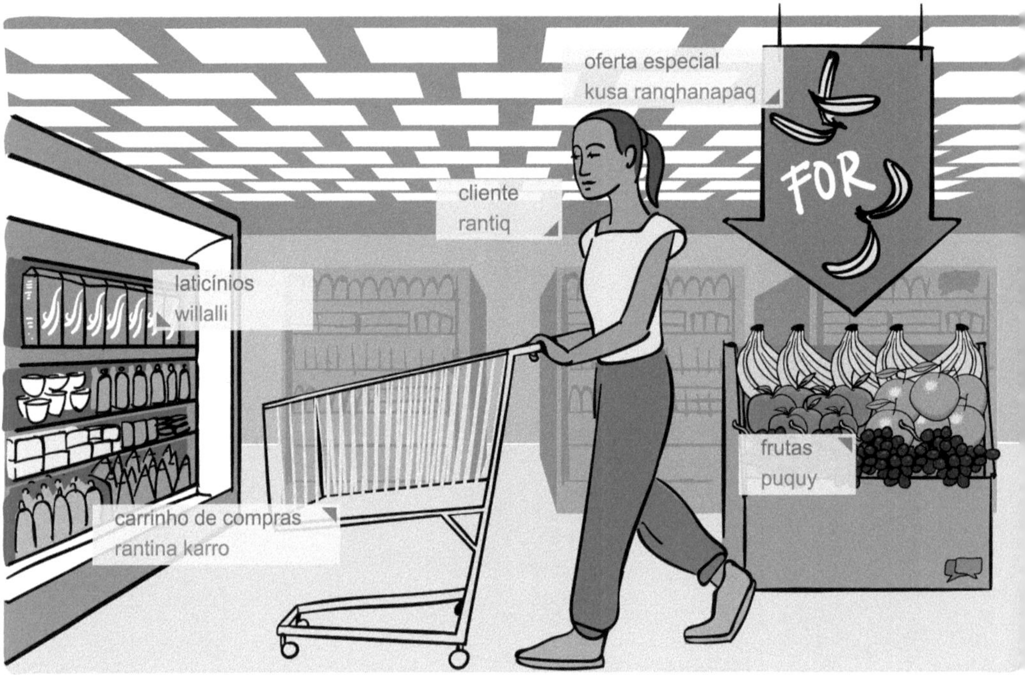

oferta especial
kusa ranqhanapaq
cliente
rantiq
FOR
laticínios
willalli
frutas
puquy
carrinho de compras
rantina karro

BUTCHERS

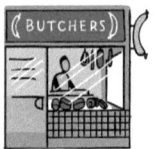

açougue

aicha wasi

BAKERY

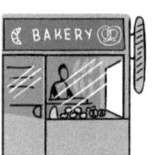

padaria

t'anta wasi

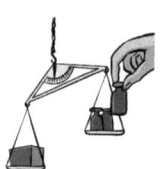

pesar

llasay

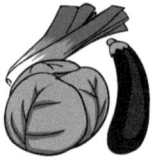

legumes

q'umirkuna

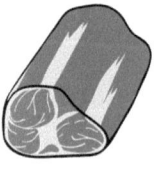

carne

aycha

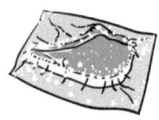

congelados

chhullunka mikhuna

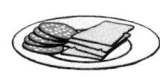

charcutaria
quqawi

conservas
mikhuna unaychasqa

detergente em pó
ditirjinti

doces
misk'ikuna

artigos domésticos
wasimanta pruduktu

produtos de limpeza
maylla produkto

vendedora
ranqhaq

caixa
kartun p'uktaki

caixa
kajiru

lista de compras
sinru qillqa rantina

horário de funcionamento
sumaq runa uyarina phani

carteira
qullqi wayaqa

cartão de crédito
tarjita kriditumanta

sacola
plastiko wayaqa

saco plástico
plastiku wayaqa

supermercado - jatun qhatu

bebidas
upyanakuna

água

yaku

suco

jilli

leite

ch'awa

coca-cola

coca cola

vinho

vino

cerveja

sirwisa

álcool

alkula

cacau

kakawu

chá

te

café

caji

expresso

ieksprisu

cappuccino

capuchinu

comida
mikhuna

banana
platanu

maçã
mansana

laranja
laranja

melão
milun

limão
limun

cenoura
sanawrya

alho
aju

bambu
wamwu

cebola
siwulla

cogumelo
champiñun

nozes
awillana

macarrão
jirius

espaguete	arroz	salada
ispawiti	arrus	sarsa

batatas fritas	batatas frias	pizza
papa kanka	papa kanka	pitsa

hambúrger	sanduíche	escalope
amwirkisa	sanwich	jiliti
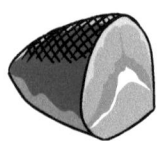		
presunto	salame	salsicha
jamun	salami	salchicha

galinha	assado	peixe
chichilu	aycha kanka	challwa

comida - mikhuna

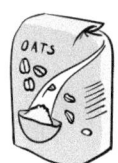

flocos de aveia
p'aqa awina

granola
muesli

flocos de milho
p'aqa sara

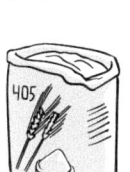

farinha
jak'u

croissant
krwasan

pãozinho
k'awka

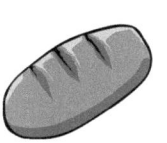

pão
t'anta

torrada
t'anta jamk'a

biscoitos
khamuna

manteiga
mantikilla

requeijão
ñuqñu

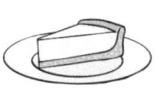

bolo
pastil

ovo
runtu

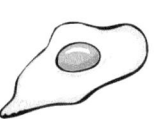

ovo frito
runtu kanka

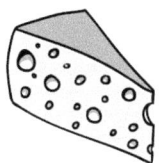

queijo
masara

comida - mikhuna

sorvete

chullunka misk'i

açúcar

misk'i

mel

wayrunq'u misk'i

geleia

mirmilara

creme de avelãs

krima turrunmanta

curry

kurri

fazenda
chakra wasi

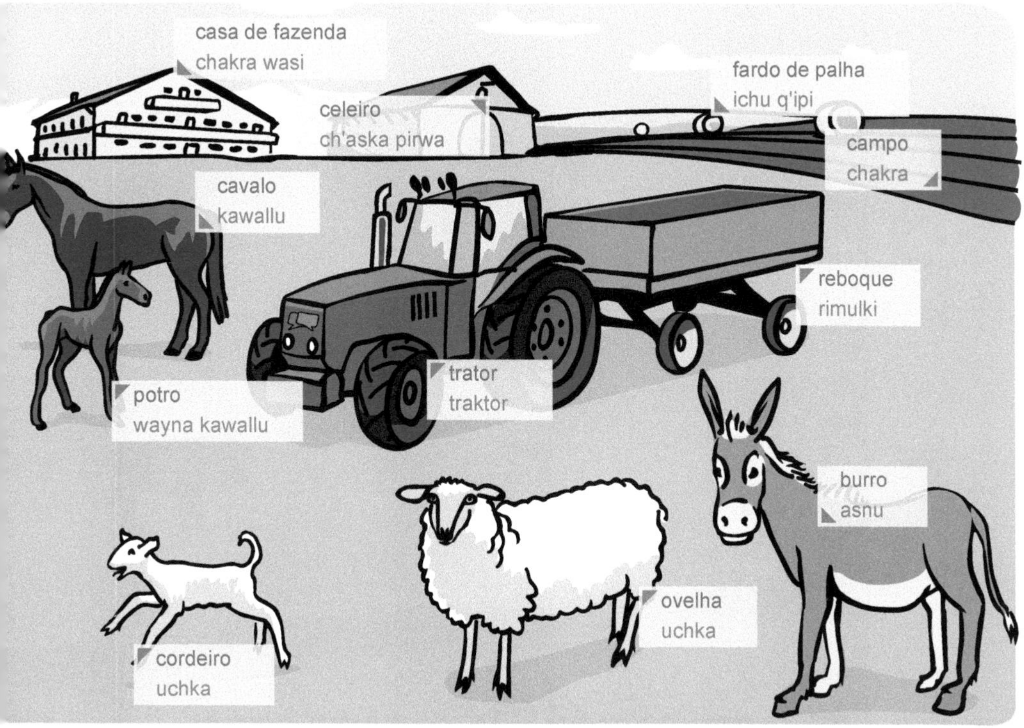

- casa de fazenda / chakra wasi
- celeiro / ch'aska pirwa
- fardo de palha / ichu q'ipi
- campo / chakra
- cavalo / kawallu
- reboque / rimulki
- potro / wayna kawallu
- trator / traktor
- burro / asnu
- cordeiro / uchka
- ovelha / uchka

cabra
karwa

vaca
waka

bezerro
waka uña

porco
khuchi

leitão
khuchi uña

touro
turu

fazenda - chakra wasi

ganso
wallata

pato
pili

pintinho
chchilu

galinha
wallpa

galo
k'anka

ratazana
jatun juk'ucha

gato
misi/michi

camundongo
juk'ucha

boi
turu

cachorro
alqu

casinha do cachorro
alquwasi

mangueira de jardim
mankira

regador
qarpana jalp'a

foice
rutuna

arado
taklla

foice
rutuna

enxada
liwk'ana

forquilha
sipina

machado
ayri

carrinho de mão
kapachu

manjedoura
yaku upyana

jarra de leite
willalli purunku

saco
jatun wayaqa

cerca
jark'aq ch'ipa

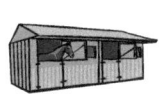

estábulo
kancha wasi

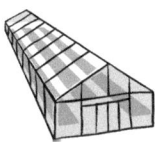

estufa
inwirnadiru

solo
pampa

semente
muju

fertilizante
wanu

colheitadeira
makina allana

fazenda - chakra wasi

colher
allay

colheita
allay

inhame
ñame

trigo
tiriwu

soja
soya

batata
papa

milho
sara

colza
kulsa luru

árvore frutífera
wayu sach'a

mandioca
mandiuka

cereais
ch'aki puquy

fazenda - chakra wasi

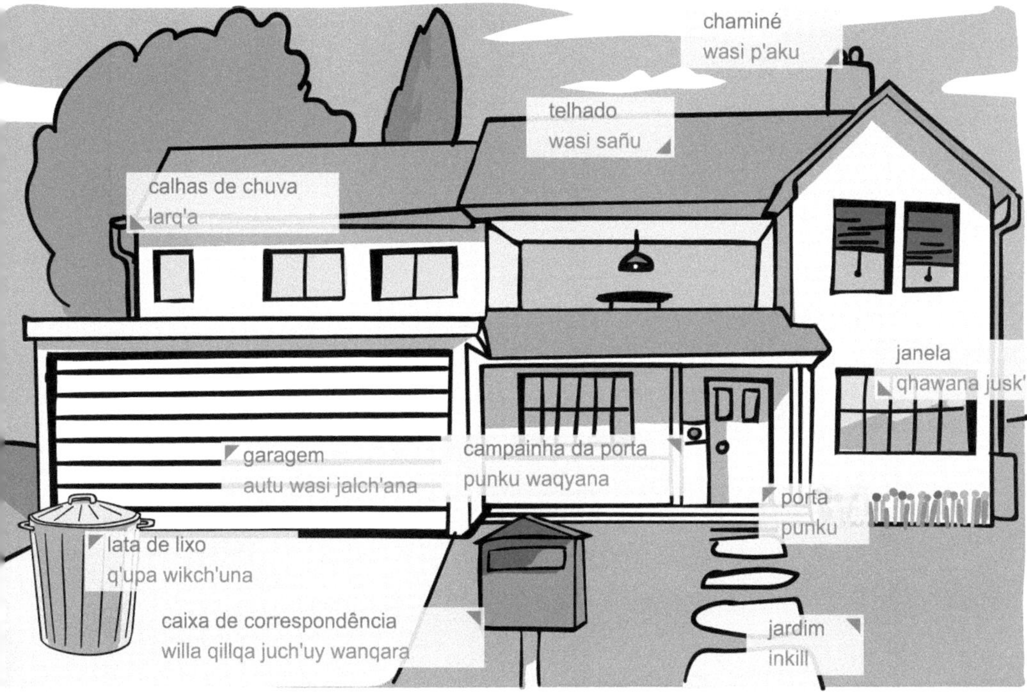

casa
wasi

- chaminé — wasi p'aku
- telhado — wasi sañu
- calhas de chuva — larq'a
- janela — qhawana jusk'u
- garagem — autu wasi jalch'ana
- campainha da porta — punku waqyana
- porta — punku
- lata de lixo — q'upa wikch'una
- caixa de correspondência — willa qillqa juch'uy wanqara
- jardim — inkill

sala de estar

k'illi wanlla

banheiro

akana wasi

cozinha

wayk'una wasi

quarto de dormir

puñuna wasi

quarto de criança

wawa k'uchu

sala de jantar

mikhuna k'uchu

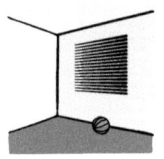

chão
pampa

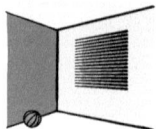

parede
pirqa

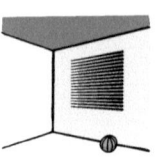

teto
wasip khatan

porão
wasi ukhun

sauna
sawna

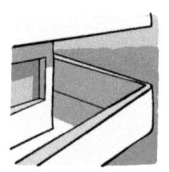

varanda
walkun

terraço
pirqa

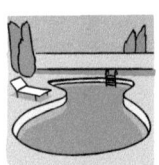

piscina
armakuna

cortador de grama
k'achina

lençol
iqana

coberta
khatana

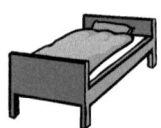

cama
puñuna

vassoura
pichana

balde
yaku aysana

interruptor
k'ancha jap'ichiq

casa - wasi

sala de estar
k'illi wanlla

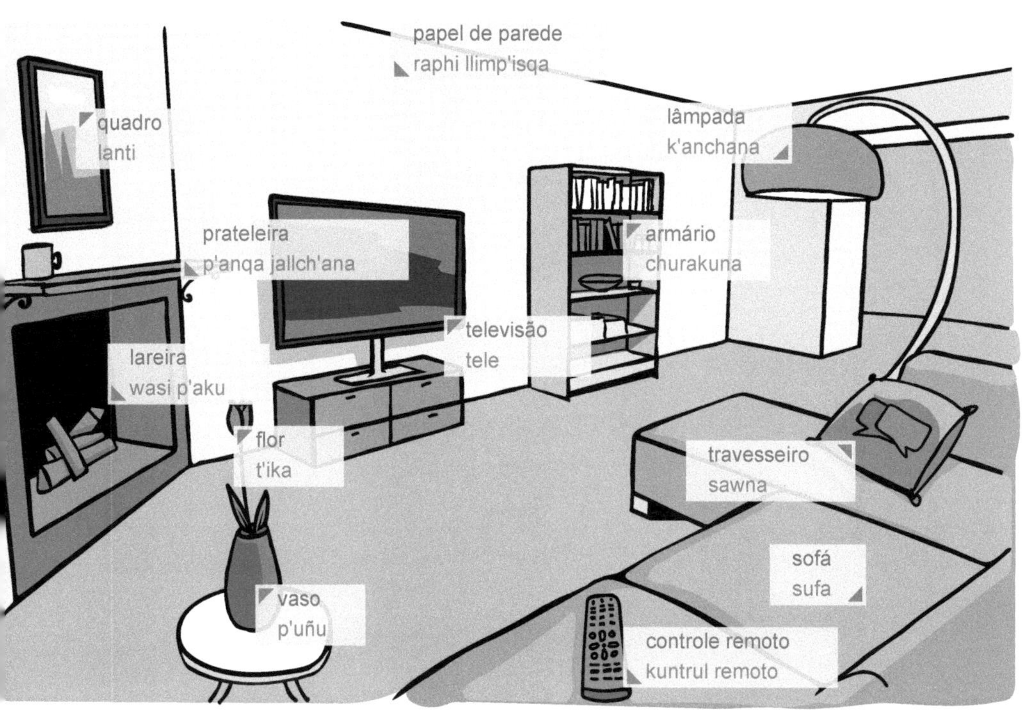

- quadro / lanti
- papel de parede / raphi llimp'isqa
- lâmpada / k'anchana
- prateleira / p'anqa jallch'ana
- armário / churakuna
- lareira / wasi p'aku
- televisão / tele
- flor / t'ika
- travesseiro / sawna
- vaso / p'uñu
- sofá / sufa
- controle remoto / kuntrul remoto

tapete
pampa mast'ana

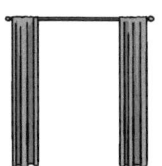

cortina
arapa

mesa
jamp'ara

cadeira
tiyana

cadeira de balanço
chhuku tiyana

poltrona
kirana

livro
p'anqa

cobertor
mast'a

decoração
t'ikanchay

lenha
llamt'a

filme
pelikula

equipamento de som
takina ekipu

chave
ch'atana

jornal
mit'awa

pintura
llimp'i

pôster
poster

rádio
wayra simi

bloco de notas
qillqana p'anqa

aspirador
aspiradora

cacto
pukru

vela
ispilma

sala de estar - k'illi wanlla

cozinha
wayk'una wasi

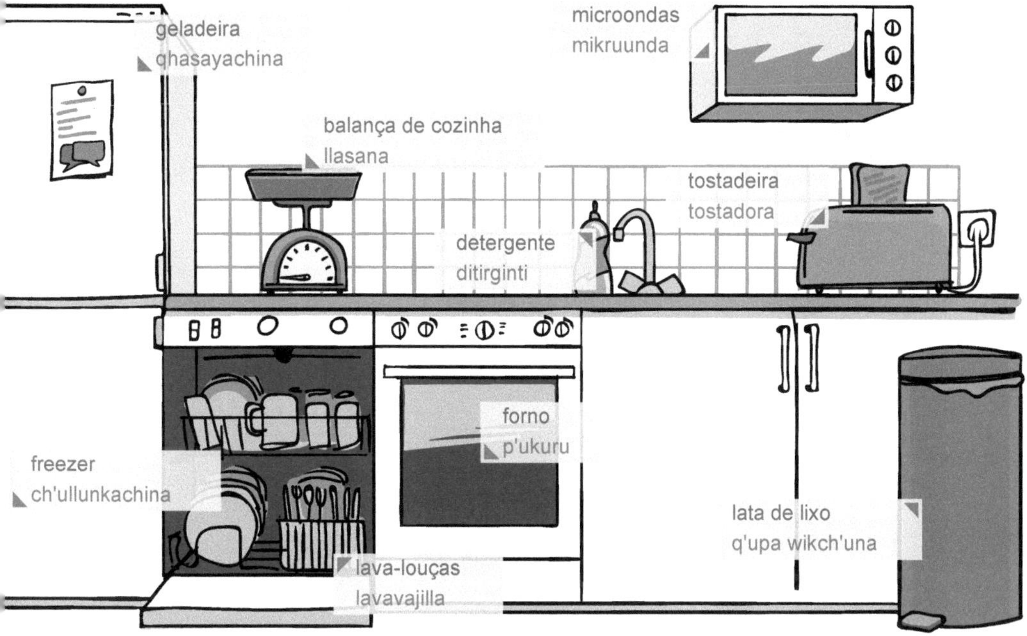

- geladeira / qhasayachina
- microondas / mikruunda
- balança de cozinha / llasana
- tostadeira / tostadora
- detergente / ditirginti
- forno / p'ukuru
- freezer / ch'ullunkachina
- lata de lixo / q'upa wikch'una
- lava-louças / lavavajilla

fogão
presiun manka

panela
manka

panela de ferro
q'illa manka

wok / kadai
wok

frigideira
payla

chaleira
thimpuchina

panela a vapor

wapsina

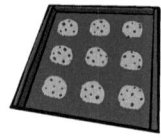

tabuleiro de forno

p'ukuru punku

louça

vajilla

caneca

tasa

caçarola

tason

hashi

palillo

concha de sopa

wislla

espátula

phusuqa urquna

batedor

qaywina

escorredor

isanka

peneira

suysuna

ralador

thupana

almofariz

kutana

churrasqueira

kawitu

lareira

nina jap'ichina

tábua de cortar
k'ullu kuchunapaq

rolo da massa
tuquru

saca-rolhas
sacacurchu

lata
lata

abridor de latas
lata kichana

pegador de panela
jap'ina

pia
chuwa mayllana

escova
sipillu

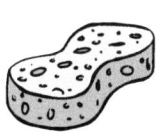
esponja
ispunja

liquidificador
watidora

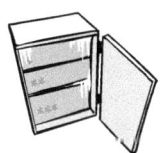
congelador
ch'ullunkachina

mamadeira
biberon

torneira
grifo

cozinha - wayk'una wasi

banheiro
akana wasi

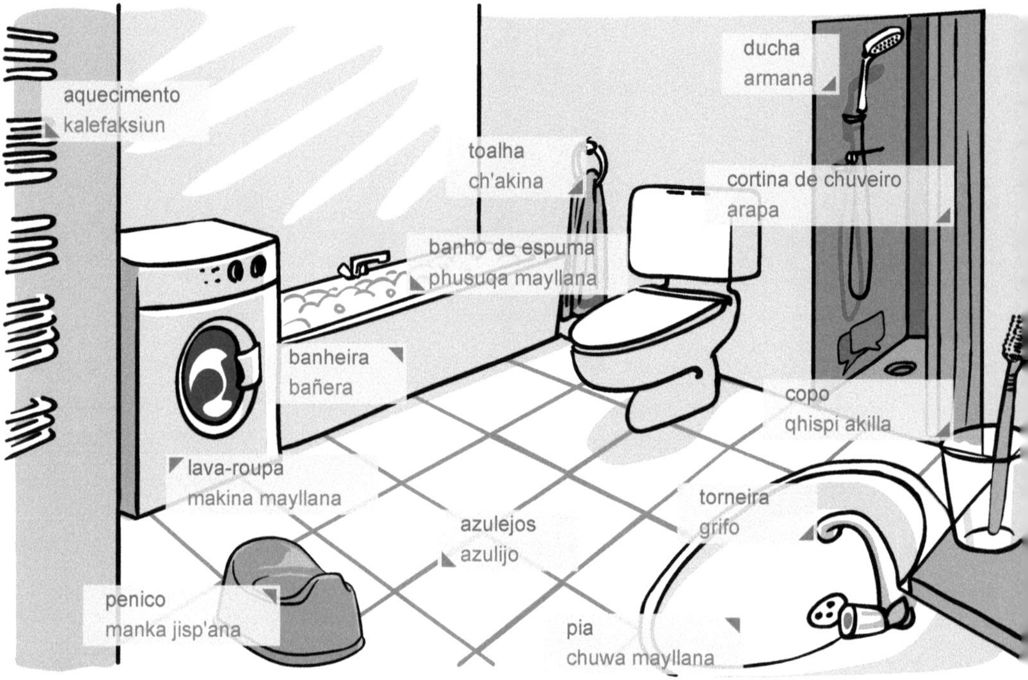

aquecimento
kalefaksiun

toalha
ch'akina

ducha
armana

banho de espuma
phusuqa mayllana

cortina de chuveiro
arapa

banheira
bañera

copo
qhispi akilla

lava-roupa
makina mayllana

azulejos
azulijo

torneira
grifo

penico
manka jisp'ana

pia
chuwa mayllana

vaso sanitário

akana

lavabo de agachar

yakupaka

bidê

bidet

mictório

jisp'ana

papel higiênico

papel higieniku

escova de privada

water pichana

escova de dentes

kiru khituna

pasta de dentes

kiru pasta

fio dental

kiru q'aytu

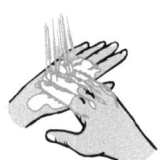

lavar

mayllay

ducha de mão

armana makiwan

ducha íntima

armana

bacia

pila

escova para as costas

wasa cepillo

sabonete

t'arta

gel de banho

llukllu armanapaq

xampu

champu

toalha de rosto

ch'akina

escoamento

ch'chi yaku wikch'una

creme

krima

desodorante

kuntu wayllak'upaq

banheiro - akana wasi

espelho
qhispi

espelho de mão
qhawakunaqhispi

barbeador
mumikuna

espuma de barbear
phusuqu mumikunapaq

loção pós-barba
lusiun mumikunapaq

pente
sikrana

escova
kuiru khituna

secador de cabelo
sekadora

spray de cabelo
ispray

maquiagem
makillaji

batom
simi llimp'ina

esmalte de unhas
llimp'i sillu

algodão
ampi

tesoura para unhas
sillu k'utuna

perfume
untu

nécessaire
wayaqa ch'usanapaq

banquinho
chukuna

balança
aysana

roupão de banho
bata

luvas de borracha
maki wayaqa gumamanta

absorvente interno
tampon

absorvente íntimo
raphi ch'akina

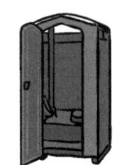
banheiro químico
akanapaq tiyana kimiku

quarto de criança
wawa k'uchu

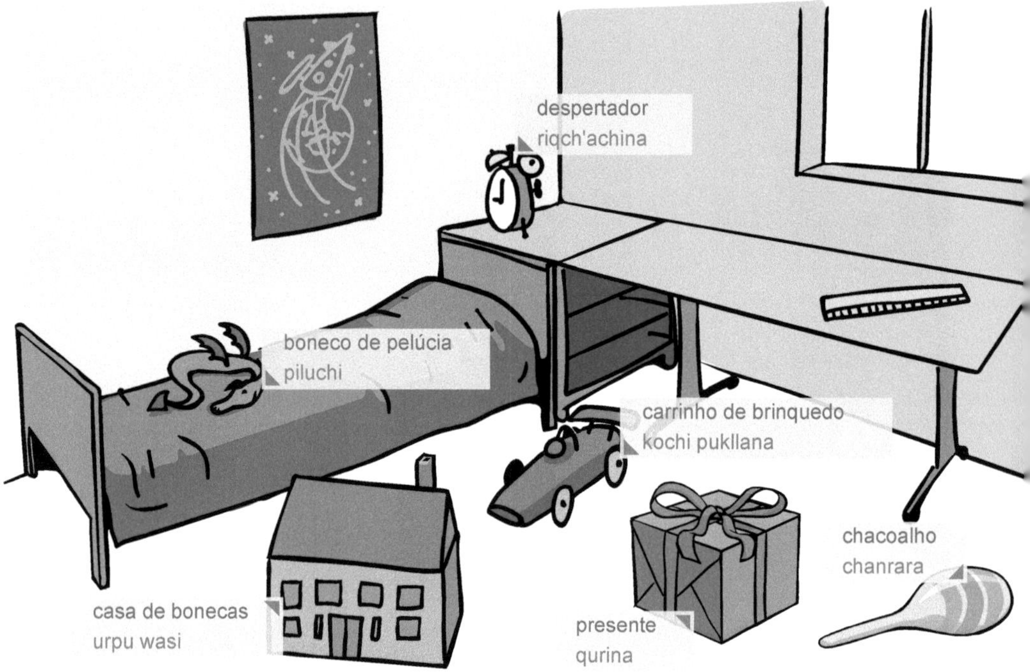

despertador
riqch'achina

boneco de pelúcia
piluchi

carrinho de brinquedo
kochi pukllana

chacoalho
chanrara

casa de bonecas
urpu wasi

presente
qurina

balão

phuyu phuku

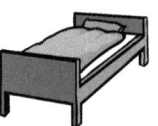

cama

puñuna

carrinho de bebê

wawa kochi

jogo de cartas

naypi

quebra-cabeças

pusli

revista de quadrinhos

riwista

peças de Lego
legukuna

blocos de construção
wluki pukllana

figura de ação
figura aksionmanta

macaquinho de bebê
wuri wawapaq

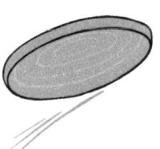

frisbee
friswi

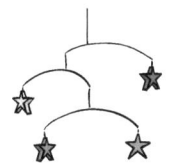

móbile para bebé
wawa marq'a

jogo de tabuleiro
jamp'ara pukllana

dados
dado

trenzinho elétrico
trin iliktriko purina

chupeta
maniki

festa
raymi

livro ilustrado
futu p'anqa

bola
p'ulu

boneca
urpu

brincar
pukllay

caixa de areia
t'iyu p'utaki

balanço
wallunk'a

brinquedos
pukllana

videogame
wiriukunsula

triciclo
trisiklu

ursinho de pelúcia
jukumari pukllana

guarda-roupa
p'acha jallch'ana

vestuário
p'acha

meias
chakiwayaqa

meias pelo joelho
chakiwayaqa qharipaq

meias-calças
chakiwayaqa

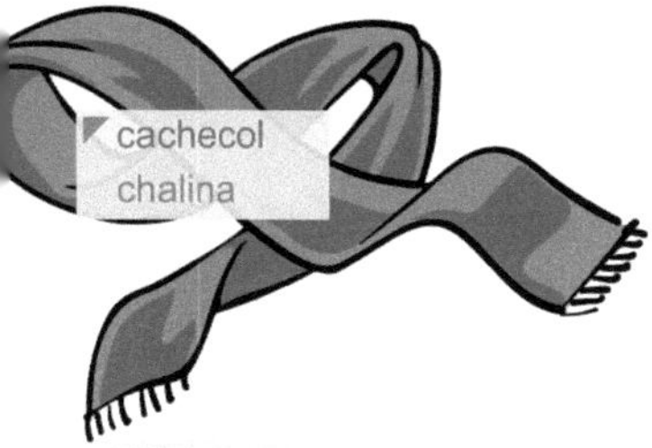

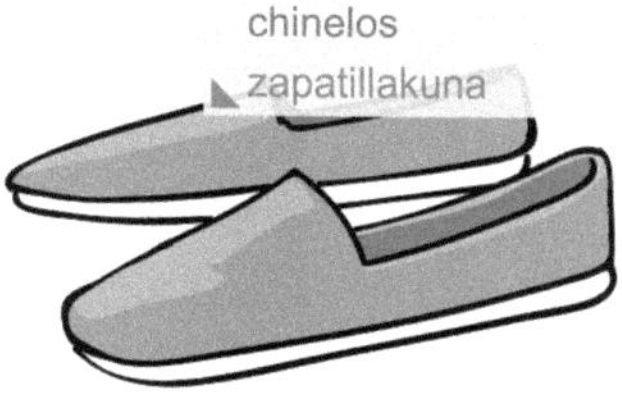

cachecol
chalina

guarda-chuva
parawa

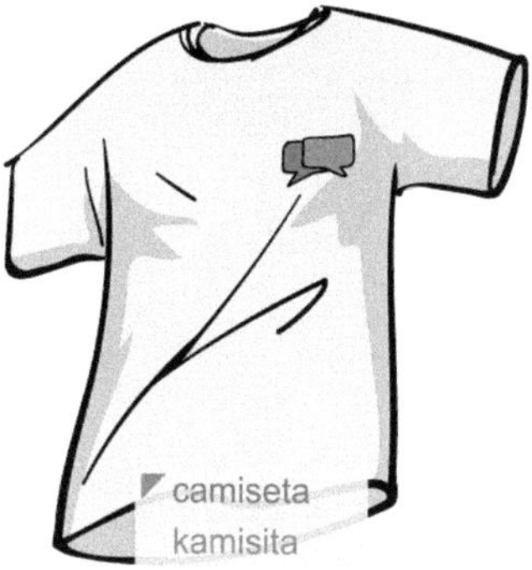

camiseta
kamisita

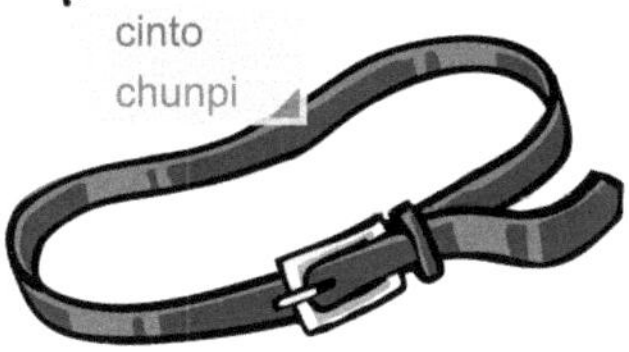

cinto
chunpi

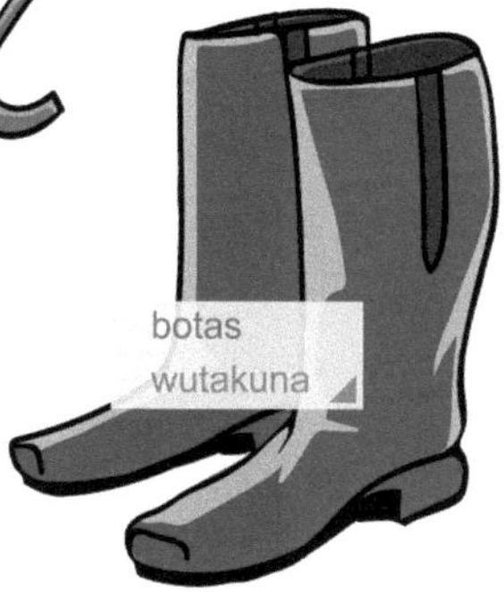

botas
wutakuna

chinelos
zapatillakuna

tênis
tinis

sandálias
llanq'i

sapatos
phapatukuna

botas de borracha
wutakuna parapaq

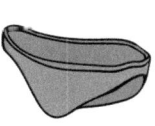

roupa de baixo
ukhu p'acha

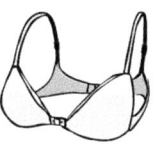

sutiã
sustin

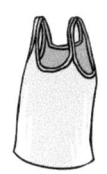

camiseta de baixo
chaliku

vestuário - p'acha

body
wuri

calças
pantalu kurtu

jeans
wakiru

saia
arphi

blusa
wulusa

camisa
kamisa

pulôver
chumpa

suéter com capuz
chumpa

blazer
blazer

jaqueta
chakita

casaco
qhata

gabardine
yawardina

traje
traji

vestido
wistiru

vestido de casamento
wistiru nowiamanta

vestuário - p'acha

terno
traji

camisola
kamisun

pijama
piyama

sari
sari

lenço de cabeça
wandana

turbante
turbante

burca
burka

cafetã
kaftan

abaya
abaya

maiô
traje mayllakunapaq

sunga
p'acha mayllakunpaq

shorts
kurtu

roupa de treino
p'acha tukuy p'unchawpaq

avental
dilantal

luvas
makiwayaqa

botão
ch'itana

óculos
gafakuna

pulseira
maki watana

colar
wallqa

anel
siwi

brinco
linri quri

boné
q'aspa

cabide
p'acha warkhuna

chapéu
chharara

gravata
kurbata

zíper
pantalu wisk'ana

capacete
kasku

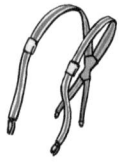
suspensórios
tirantikuna

uniforme escolar
uniforme

uniforme
uniformi

babador
llawsanapaq

chupeta
maniki

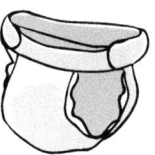
fralda
jananta

escritório
ujisina

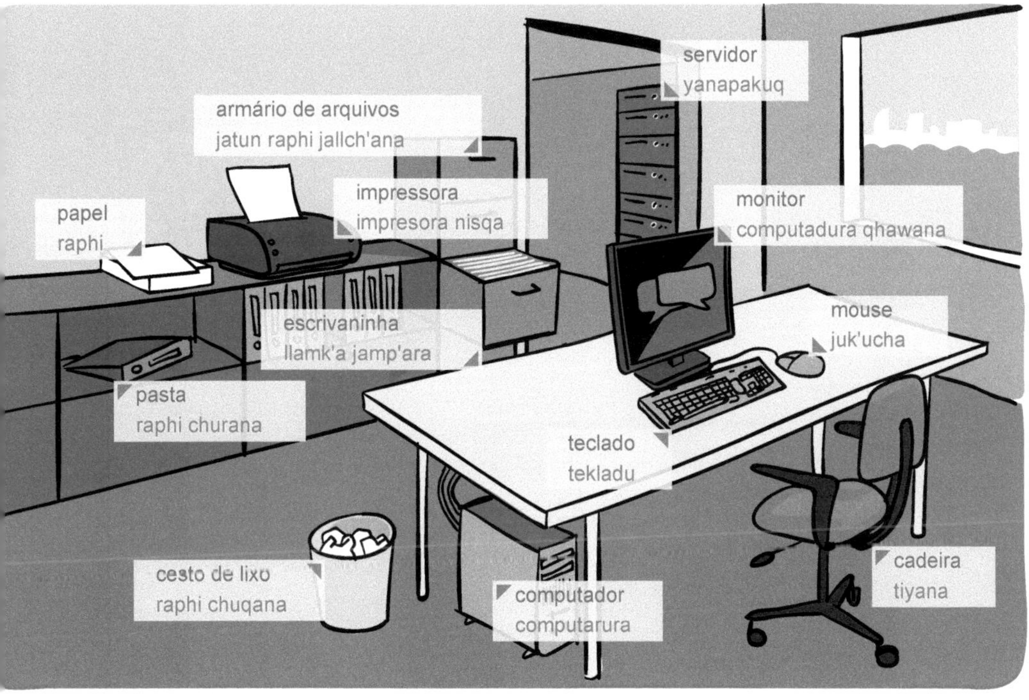

- servidor — yanapakuq
- armário de arquivos — jatun raphi jallch'ana
- impressora — impresora nisqa
- monitor — computadura qhawana
- papel — raphi
- escrivaninha — llamk'a jamp'ara
- mouse — juk'ucha
- pasta — raphi churana
- teclado — tekladu
- cesto de lixo — raphi chuqana
- computador — computarura
- cadeira — tiyana

xícara de café
tasa cajimanta

calculadora
calcularura

internet
intirnit

laptop
laptop

carta
chaki qillqa

mensagem
willachiy

celular
silular

rede
red

copiadora
futukopia

software
software

telefone
tilijunu

tomada
toma corriente

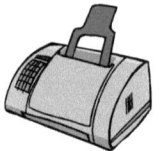
fax
faks

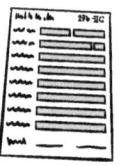
formulário
jurmulario

documento
asuy qillqa

economia
qullqikamay

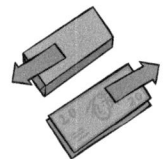
comprar
ranqhay

pagar
qupuy

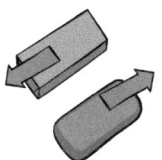
negociar
ranqhay

dinheiro
qullqi

Dólar
dólar qullqi

Euro
iwro qullqi

Yen
yen qullqi

rublo
ruwlu qullqi

franco suíço
juranku swisu qullqi

renminbi yuan
rinminwi qullqi

rupia
rupia qullqi

caixa eletrônico
kajiru awtumatiku

casa de câmbio
qullqi rantina wasi

ouro
quri

prata
qullqi

petróleo
pitruliu

energia
kallpa

preço
yupa

contrato
mink'ay

imposto
impuistu

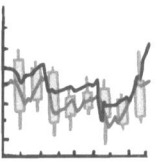
ação
aksiun

trabalhar
llamk'ay

empregado
llamk'achiq

empregador
llamk'achiq

fábrica
puquchiy kiti

loja
tienda

economia - qullqikamay

profissões
llamk'aykuna

policial
ajinti policiamanta

bombeiro
wumwiru

cozinheiro
wayk'uq

médico
jampi kamayuq

piloto
pilutu

jardineiro
inkill kamayuq

marceneiro
llaqllaykamayuq

costureira
siraykamayuq

juiz
khuskachaq

químico
jampi ranqhaq

ator
aranwaq

motorista de ônibus
awtuwus q'iwiq

motorista de táxi
taksi q'iwiq

pescador
challwakamayuq

faxineira
pichaq

telhador
wasip qhatan

garçom
wayna yanapaq

caçador
chakuykamayuq

pintor
llimp'iq

padeiro
t'antiri

eletricista
iliktrisista

construtor
llam'kaq

engenheiro
k'llikacha

açougueiro
ñak'aq

encanador
yaku kamayuq

carteiro
qillqa apaq

soldado
awqakuq

arquiteto
wasikamayuq

caixa
kajiru

florista
t'ikachaq

cabelereiro
chukcharutuq

condutor
q'iwichiq

mecânico
mikaniku

capitão
wamink'a

dentista
kirukamayuq

cientista
jamawt'a

rabino
rawinu

imam
k'askachimuq

monge
munji

pastor
tata kura

profissões - llamk'aykuna

ferramentas
ruk'awi

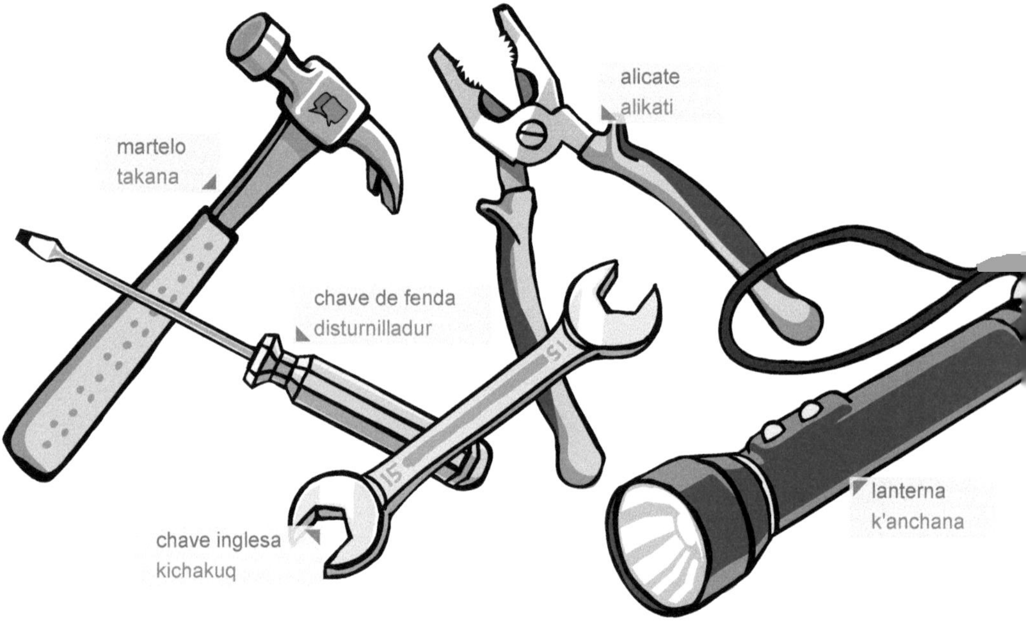

martelo
takana

alicate
alikati

chave de fenda
disturnilladur

chave inglesa
kichakuq

lanterna
k'anchana

escavadora

ikskawadura

caixa de ferramentas

ruk'awi p'uktaki

escada de mão

wichana makiyuq

serra

sierra

pregos

takarpu

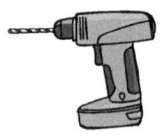

furadeira

talaru

consertar
allinchay

pá
lampa

Droga!
¡Supay apachun!

pá de lixo
q'upa tantana

pote de tinta
llimp'i churana

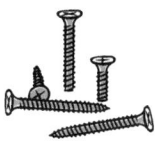
parafusos
turnillukuna

instrumentos musicais
takichiy nakuna

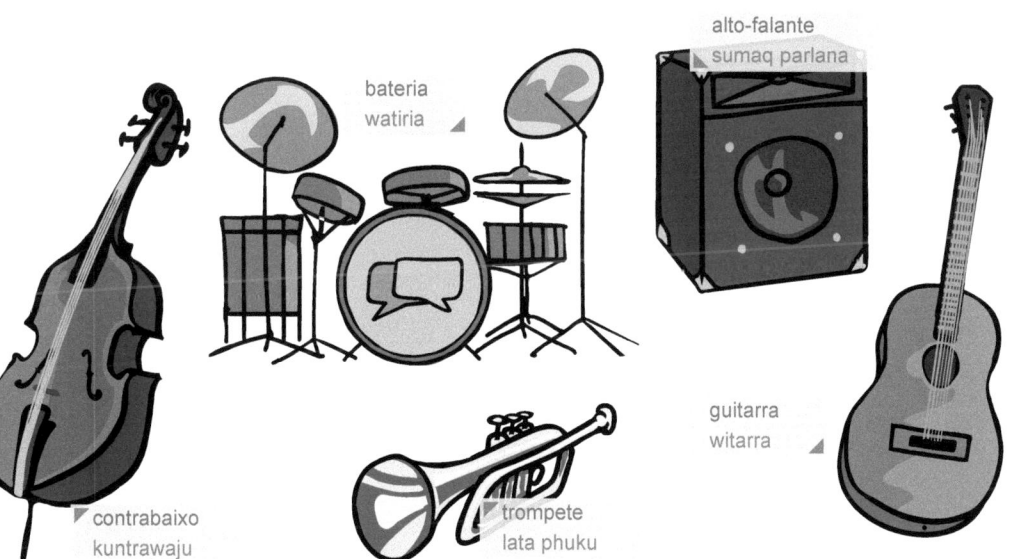

bateria
watiria

alto-falante
sumaq parlana

contrabaixo
kuntrawaju

trompete
lata phuku

guitarra
witarra

piano
pianu

violino
wiulin

baixo
waju

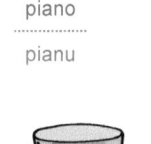
timbales
tinwalis

tambor
wankar

teclado
tikladu

saxofone
saksu

flauta
phukuna

microfone
mikrufunu

instrumentos musicais - takichiy nakuna

zoológico
jatun uywa kancha

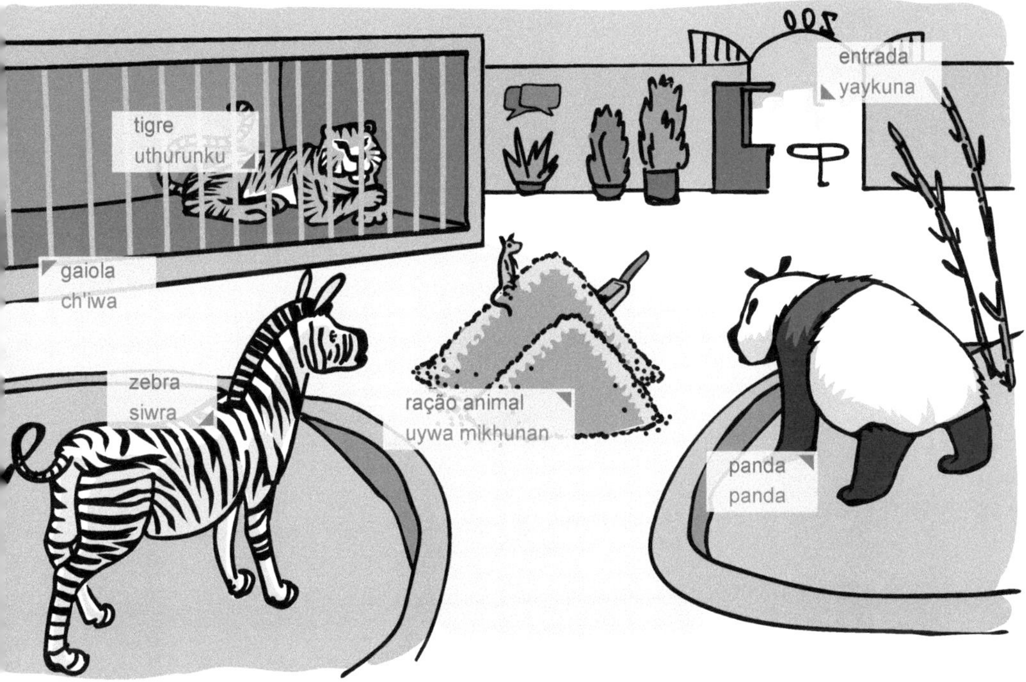

- entrada / yaykuna
- tigre / uthurunku
- gaiola / ch'iwa
- zebra / siwra
- ração animal / uywa mikhunan
- panda / panda

animais
uywa

elefante
ilijanti

canguru
kanguru

rinoceronte
rinusirunti

gorila
gurila

urso
jukumari

camelo
kamillu

avestruz
suri

leão
puma

macaco
k'usillu

flamingo
pariwana

papagaio
q'ichichi

urso polar
pular jukumari

pinguim
pinwinu

tubarão
tiwurun

pavão
pawu

cobra
katari

crocodilo
kukuwurilu

guarda do zoológico
jatun uywa kancha arariwa

foca
fuka

jaguar
uthurunku

zoológico - jatun uywa kancha

pônei
puni

leopardo
lliwpardu

hipopótamo
hipuputamu

girafa
jirafa

águia
anka

javali
sintiru

peixe
challwa

tartaruga
turtuga

morsa
mursa

raposa
atuq

gazela
gacila

zoológico - jatun uywa kancha

esportes
atipanaku pukllay

futebol americano
amerikanu papawki pukllay

ciclismo
siklu rumpiy

tênis
tenis

basquete
isanka papawki

natação
wat'aku

boxe
ñuk'anaku

hóquei no gelo
joki

futebol
papawki pukllay

badminton
watmintun

atletismo
lanlak

handebol
kakcha

esqui
iski

polo
pulu

atividades
ruwakuna

pular / phinkiy

abraçar / mak'alliy

rir / asiy

cantar / takiy

andar / puriy

rezar / mañakuy

beijar / much'ay

sonhar / musquy

escrever
qillqay

desenhar
t'iktuy

mostrar
qhawachiy

empurrar
tanqay

dar
quy

tomar
uqhariy

ter
yuq

fazer
ruway

ser
kay

ficar de pé
sayay

correr
t'ijuy

puxar
chuqay

jogar
chuqay

cair
urmay

deitar
siriy

esperar
suyay

carregar
apay

sentar
chukuchiy

vestir
p'achachakuy

dormir
puñuy

despertar
rikch'ay

olhar para
qhaway

chorar
waqay

acariciar
waylluy

pentear
sikray

falar
rimay

entender
unanchay

perguntar
tapuy

ouvir
uyariy

beber
upyay

comer
mikhuy

arrumar
kamachiy

amar
khuyay

cozinhar
wayk'uy

dirigir
q'iwiy

voar
phaway

atividades - ruwakuna

velejar
wamp'uy

calcular
yupanchay

ler
ñawiriy

aprender
yachay

trabalhar
llamk'ay

casar
sawaray

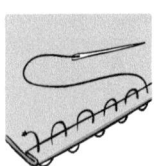
costurar
siray

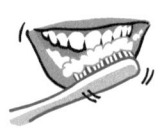
escovar os dentes
kiru khitukuy

matar
wanchiy

fumar
pitay

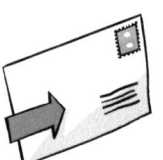
enviar
kachay

família
yawar masikuna

avó
jatun mama

avô
jatun tata

pai
tata

mãe
mama

bebê
wawa

filha
warmi wawa/ ususi

filho
qhari wawa/ churin

convidado

jamuynisqa

tia

ipa

tio

kaki

irmão

tura/wawqi

irmã

ñaña/pana

corpo
uqhu

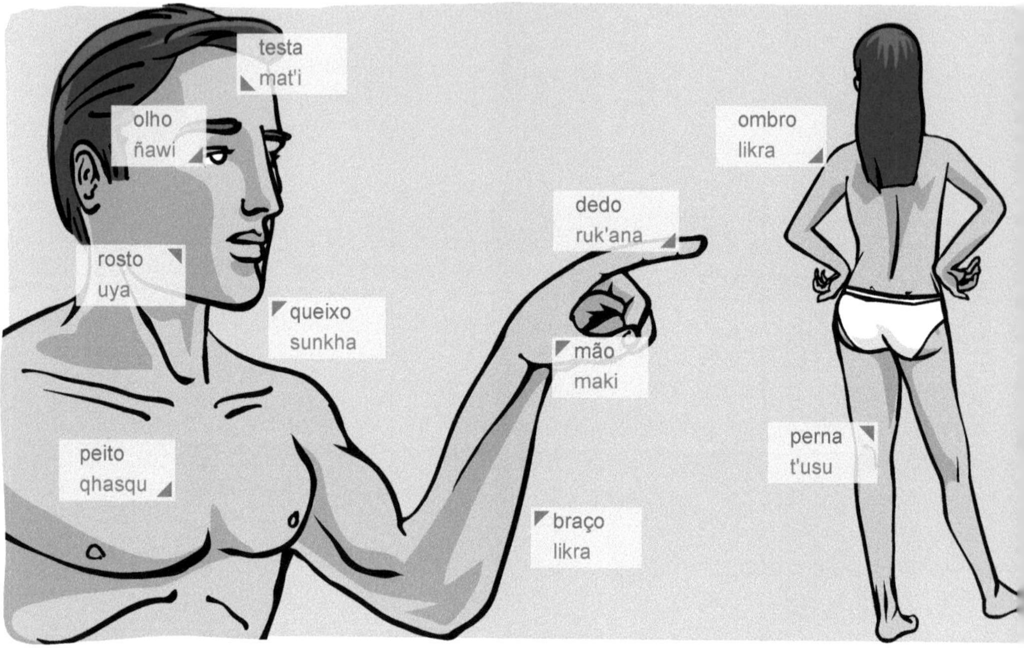

- testa / mat'i
- olho / ñawi
- rosto / uya
- queixo / sunkha
- peito / qhasqu
- ombro / likra
- dedo / ruk'ana
- mão / maki
- perna / t'usu
- braço / likra

bebê
wawa

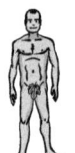

homem
qhari

mulher
warmi

menina
sipas

menino
yuqalla

cabeça
uma

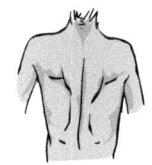

costas
wasa

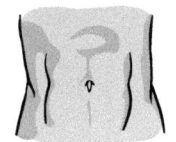

barriga
wisa ukhu

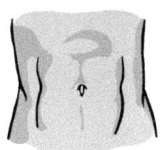

umbigo
pupu

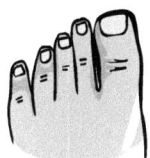

dedo do pé
ruk'ana

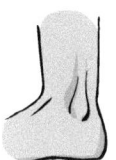

calcanhar
takillpa

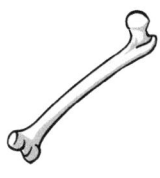

osso
tullu

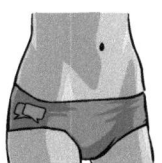

anca
chaka

joelho
muqu

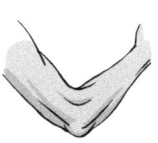

cotovelo
maki muqu

nariz
sinqa

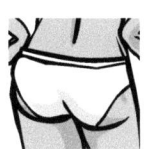

nádegas
siki

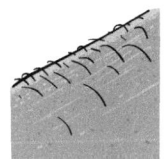

pele
qara

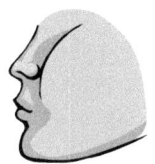

bochecha
k'aqlla

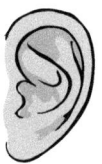

orelha
linri

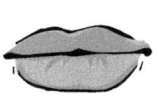

lábio
sipri

corpo - uqhu

boca
simi

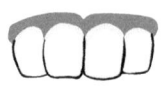

dente
kiru

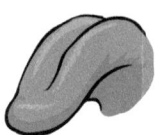

língua
qallu

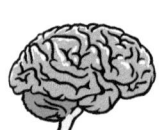

cérebro
ñuqtu

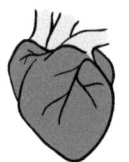

coração
sunqu

músculo
mach'i

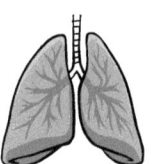

pulmão
surq'an

fígado
k'iwicha

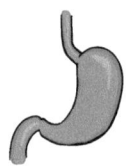

estômago
wisa

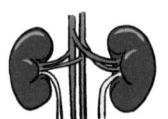

rins
wasa ruru

relações sexuais
lluq'anaku

preservativo
condon

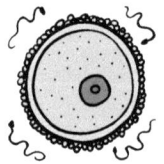

óvulo
ch'uytu

esperma
yuma

gravidez
wiksayuq kay

corpo - uqhu

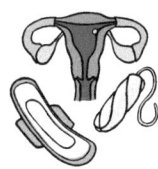

menstruação

k'ikuy

vagina

rakha

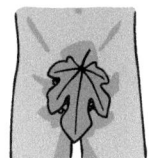

pênis

ullu

sobrancelha

qhichira

cabelo

chukcha

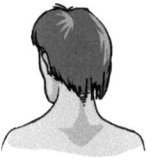

pescoço

kunka

hospital
Jampina wasi

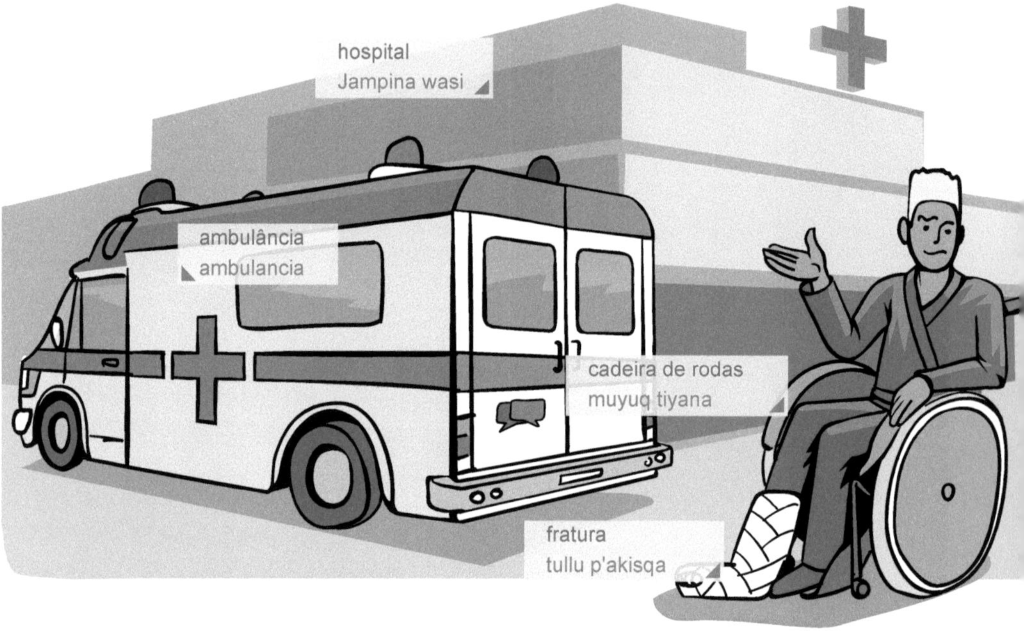

hospital
Jampina wasi

ambulância
ambulancia

cadeira de rodas
muyuq tiyana

fratura
tullu p'akisqa

médico

jampi kamayuq

pronto-socorro

urgencia wasi

enfermeira

jampi yanapaq

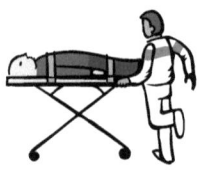

emergência

urjinsia

inconsciente

mana yuyayniyuqchu

dor

nanay

ferimento
ñuti

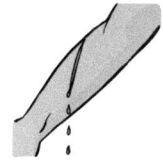

hemorragia
sirk'ay

ataque cardíaco
infarto

acidente vacular cerebral
wayra

alergia
millachikuq

tosse
ch'uju

febre
k'aja unquy

gripe
p'urqi

diarreia
q'icha

dor de cabeça
uma nanay

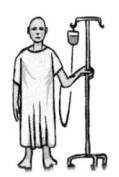

câncer
isqu unquy

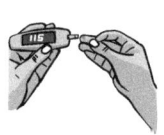

diabetes
diyawitis

cirurgião
jampi kamayuq

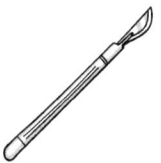

bisturi
bisturi

operação
upirasiun

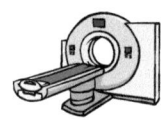 CT TAC	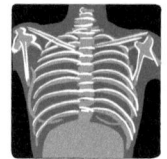 raio x tullurikuchi	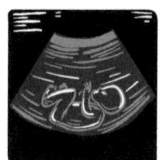 ultrassom ultrasunidu
 máscara jark'ana	 doença unquy	 sala de espera suyanapaq k'illi wanlla
 muleta tawna	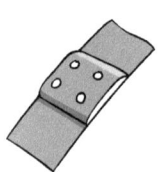 bandeide tinta	 ligadura manku
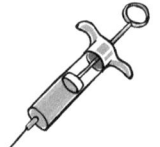 injeção inyiksiun	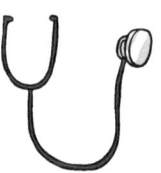 estetoscópio istituskupiu	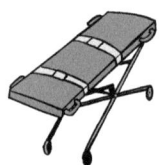 maca kallapu
 termômetro llaphi tupuna tupu	 nascimento paqarisqa	 excesso de peso wirachasqa

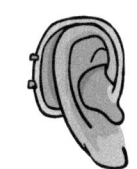
aparelho auditivo
audífono

desinfetante
disinjiktanti

infecção
q'iyacha

vírus
miyu

HIV / AIDS
VIH / SIDA

medicamento
jampi

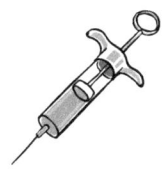
vacinação
wakuna

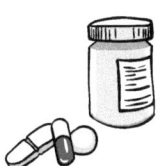
comprimidos
tawlitakuna

pílula
pastilla

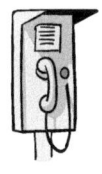
chamada de emergência
usqay waqyana

dispositivo de medição de pressão arterial
tinsiumitru

doente / saudável
unqusqa / qhali

emergência
urjinsia

alarme
alarma

assalto
manchay

Socorro!
¡Yaw!

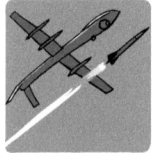

ataque
waykha

perigo
chhiki

saída de emergência
punku utqay lluqsinapaq

Fogo!
¡Nina!

extintor de incêndios
nina wañichiq

acidente
ñak'ariy

maleta de primeiros socorros
botiquin de primeros auxilios

SOS
SOS

polícia
pulisiya

Terra
Pacha

Europa
Iwrupa

América do Norte
Chincha Amerika

América do Sul
Qulla Amerika

África
Ajurika

Ásia
Asia

Austrália
Awstralia

Atlântico
Atlantiku

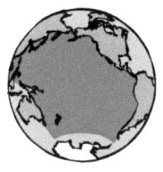
Pacífico
Pasijiku

Oceano Índico
Indiku mama qucha pacha

Oceano Antártico
Antartiku mama qucha pacha

Oceano Ártico
Artiku mama qucha pacha

Polo Norte
chincha pulu

Polo Sul
qulla pulu

Antártica
Antartida

Terra
Pacha

terra
jallp'a

mar
mama qucha

ilha
tara

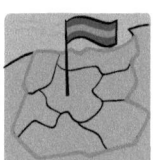
nação
llaqta

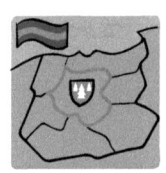
estado
Suyu

relógio
phani (kuna)

mostrador do relógio
muruq'u

ponteiro das horas
phani tuqsiq

ponteiro dos minutos
chininiq

ponteiro dos segundos
ch'ipu yupaq

Que horas são?
¿Ima phanitaq?

dia
p'unchaw

tempo
pacha

agora
kunan

relógio digital
dijital inti watana

minuto
chinini

hora
phani

semana
qanchischaw

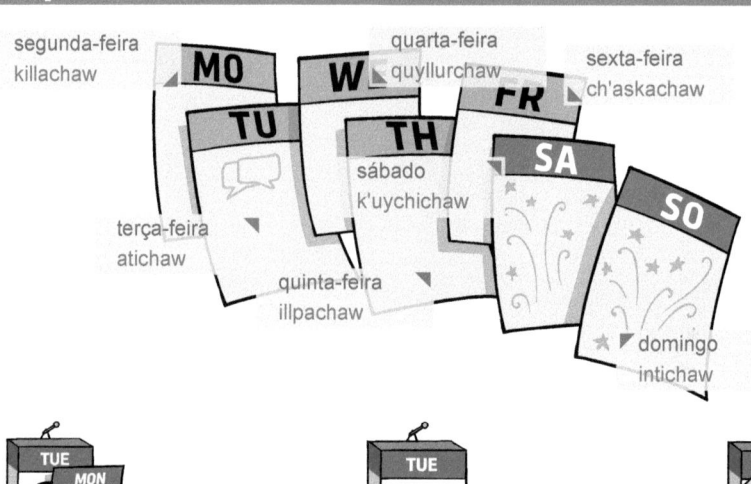

segunda-feira
killachaw

terça-feira
atichaw

quarta-feira
quyllurchaw

quinta-feira
illpachaw

sexta-feira
ch'askachaw

sábado
k'uychichaw

domingo
intichaw

ontem
qayna

hoje
kunan

amanhã
p'unchaw

manhã
p'unchaw

meio-dia
chawpi p'unchaw

entardecer
sukha

dias úteis
llamk'ana p'unchawkuna

fim de semana
tukuq qanchischawnin

semana - qanchischaw

ano
wata

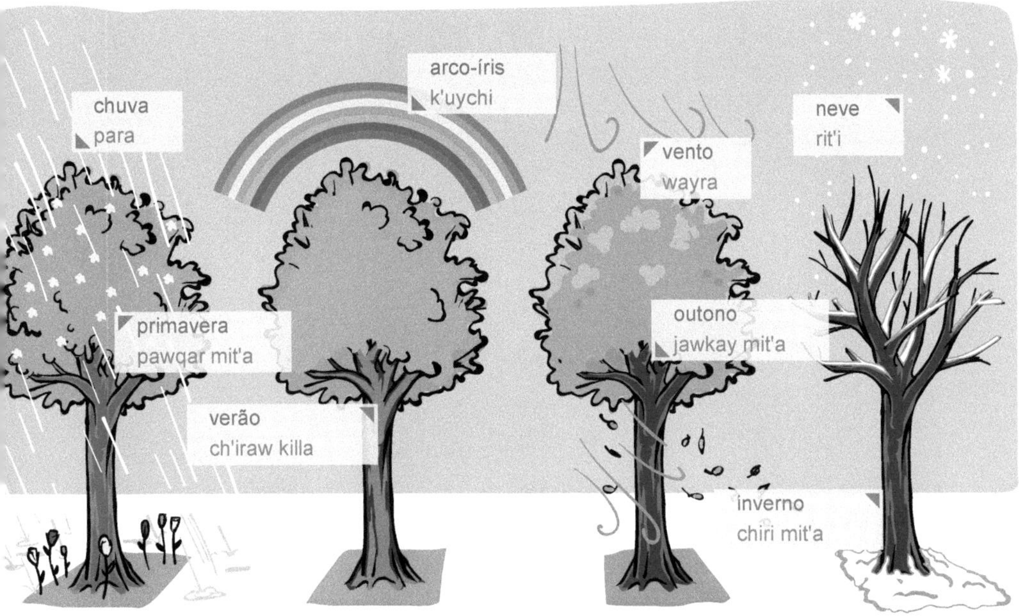

- chuva — para
- arco-íris — k'uychi
- neve — rit'i
- vento — wayra
- primavera — pawqar mit'a
- outono — jawkay mit'a
- verão — ch'iraw killa
- inverno — chiri mit'a

previsão do tempo
inti raki

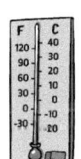

termômetro
tirmumitru

raio de sol
inti

nuvem
phuyu

neblina / nevoeiro
phuyu

umidade do ar
juq'u

relâmpago
illapa

trovão
illapa

tempestade
tamya

granizo
chikchi

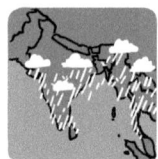
monção
muyuq wayra

inundação
lluqlla

gelo
chullunka

janeiro
qhaqmiy killa

fevereiro
jatunpuquy killa

março
pachapuquy killa

abril
ariwaki killa

maio
aymuray killa

junho
jawkaykuskuy killa

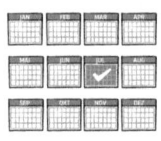
julho
chakrakunakuy killa

agosto
chakraypuy killa

ano - wata

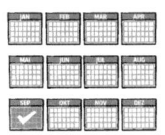
setembro
tarpuy killa

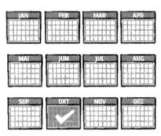
outubro
pawqarwara killa

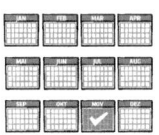
novembro
ayamarq'ay killa

dezembro
qhapaq inti raymi killa

formas
pacha tupusqa rikch'ay

círculo
muyu yupa

quadrado
tawak'uchu yupa

retângulo
sayt'u yupa

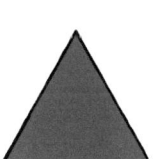
triângulo
kimsa k'uchu yupa

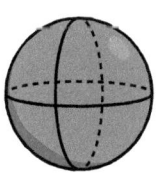
esfera
muruq'u

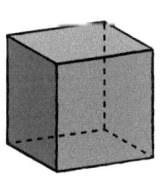
cubo
yupa wayru

cores
llimp'ikuna

branco
yurak

amarelo
q'illu

laranja
willapi

rosa
panti

vermelho
puka

lilás
kulli

azul
anqas

verde
q'umir

marrom
ch'umpi

cinza
uqi

preto
yana

opostos
wakjinakuna

muito / pouco

achkha / pisi

furioso / tranquilo

phiña / qhasi

lindo / feio

k'acha / millay

começo / fim

qallariy / tukuy

grande / pequeno

jatun / juch'uy

claro / escuro

sut'i / tuta

irmão / irmã

wawqi / pana

limpo / sujo

llimphu / ch'ichi

completo / incompleto

junt'asqa / mana junt'asqa

dia / noite

p'unchaw / tuta

morto / vivo

wañusqa / kawsaq

largo / estreito

chhuqu / k'ichki

comestível / não comestível

mikhunapaq / mana mikhunapaqchu

mau / gentil

sakra / k'acha

entusiasmado / entediado

kusisqa / majisqa

gordo / magro

rakhu / tullu

primeiro / último

ñawpaq / qhipa

amigo / inimigo

masi / awqa

cheio / vazio

junt'a / ch'in

duro / macio

k'urki / llamp'u

pesado / leve

llasa / chhalla

fome / sede

yarqhay / ch'akiy

doente / saudável

unqusqa / qhali

ilegal / legal

chanin / mana chanin

inteligente / idiota

yuyaysapa / upa

esquerda / direita

lluq'i / paña

perto / longe

qaylla / karu

novo / usado
musuq / mawk'a

nada / alguma coisa
ch'usaq / imapis

velho / jovem
machu / wayna

ligado / desligado
jap'isqa / wanchisqa

aberto / fechado
kichasqa / wisq'asqa

baixo / alto
ch'in / ch'aqwa

rico / pobre
qhapaq / wakcha

certo / errado
chiqan / mana chiqan

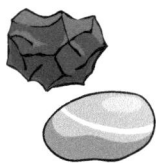

áspero / liso
qhachqa / llamp'u

triste / feliz
llakisqa / kusi

curto / longo
k'aka / karu

lento / rápido
jayra / utqay

molhado / seco
juq'u / ch'aki

ameno / fresco
rupha / chiri

guerra / paz
awqay / sunqu tiyakuy

opostos - wakjinakuna

números
yupaykuna

0 zero — ch'usak

1 um — uk

2 dois — iskay

3 três — kimsa

4 quatro — tawa

5 cinco — phichqa

6 seis — suqta

7 sete — qanchis

8 oito — pusaq

9 nove — jisq'un

10 dez — chunka

11 onze — chunka ukniyuq

12
doze
chunka iskayniyuq

13
treze
chunka kimsayuq

14
quatorze
chunka tawayuq

15
quinze
chunka phichkayuq

16
dezesseis
chunka suqtayuq

17
dezessete
chunka qanchisniyuq

18
dezoito
chunka pusaqniyuq

19
dezenove
chunka jsq'unniyuq

20
vinte
iskay chunka

100
cem
pacha

1.000
mil
waranqa

1.000.000
milhão
junu

números - yupaykuna

idiomas
simikuna

inglês

inklis simi

inglês americano

amerikanu inklis simi

chinês mandarim

mandarin chinu simi

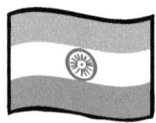

hindi

jindi simi

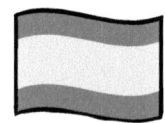

espanhol

castilla simi

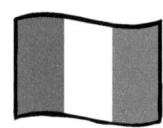

francês

fransis simi

árabe

arabia simi

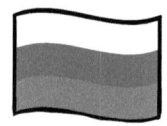

russo

rusia simi

português

purtugal simi

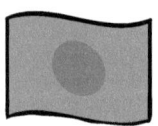

bengalês

bingali simi

alemão

alimania simi

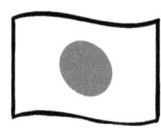

japonês

japun simi

quem / o quê / como
pi / ima / imayna

 eu / ñuqa

 você / qam

 ele / ela / pay / pay / chay

 nós / ñuqanchik

 vocês / qamkuna

 eles / elas / paykuna

 quem? / ¿pitaq?

 O quê? / ¿imataq?

 como? / ¿imaynataq?

 onde? / ¿maypitaq?

 Quando? / ¿mayk'aq?

 nome / suti

onde
maypi

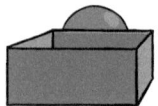

atrás

qhipa

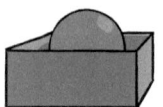

em

pi

na frente de

ñawpaq

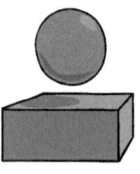

sobre

pantanpi

em cima

pata

debaixo

uranpi

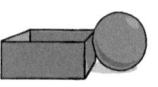

do lado

kuska

entre

chawpi

lugar

chiqan